给
饥饿

〔瑞士〕让·兹耶格雷 著

樊艳梅 译

La faim dans
le monde expliquée
à mon fils

Jean Ziegler

人民文学出版社
PEOPLE'S LITERATURE PUBLISHING HOUSE

著作权合同登记号　图字 01 - 2023 - 3787

Jean ZIEGLER
La faim dans le monde expliquée à mon fils
© Éditions du Seuil，1999 et 2015

图书在版编目(CIP)数据

给孩子讲述饥饿 / （瑞士）让·兹耶格雷雷著 ; 樊艳
梅译. -- 北京 : 人民文学出版社，2024. -- ISBN 978
-7-02-019020-1

　　Ⅰ. F316.11-49
中国国家版本馆 CIP 数据核字第 2024F6F861 号

责任编辑　李　娜　张玉贞
装帧设计　李苗苗

出版发行　人民文学出版社
社　　址　北京市朝内大街 166 号
邮　　编　100705

印　　刷　杭州钱江彩色印务有限公司
经　　销　全国新华书店等

字　　数　38 千字
开　　本　889 毫米 * 1194 毫米　1/32
印　　张　3.125
版　　次　2024 年 9 月北京第 1 版
印　　次　2024 年 9 月第 1 次印刷

书　　号　978-7-02-019020-1
定　　价　35.00 元

如有印装质量问题，请与本社图书销售中心调换。电话:010 - 65233595

仅以这本小书纪念：

黎巴嫩革命者、达喀尔书商阿里·梅卢，他于1996 年 4 月 29 日去世；

托马斯·桑卡拉，他于 1987 年 10 月 15 日在瓦加杜古被刺杀；

"人类的大地"协会创始人艾德蒙·凯塞，他于2000 年 3 月 4 日在印度去世；

约瑟·玛利亚·本戈医生，他最早在拉丁美洲提出营养学，2010 年 1 月在毕尔巴鄂去世。

有人深陷黑暗，

有人沐浴阳光，

我们看得见阳光下的人，

却看不见黑暗中的人。

——贝尔托·布莱希特

目　录

新版前言

饥饿一直都在肆虐横行，而且情况越来越糟。

每年，几百万人被饥饿杀害，在现在这样一个物质极度丰富的世界，这不啻为我们这个时代的耻辱。

骨瘦如柴的孩子，四肢颤抖，目光惊恐，因缺乏食物而遭受着各种痛苦。这样的孩子分布于世界的各个角落，数量无法想象。

目前地球上约有 73 亿人口，其中 10 亿人长期处于食不果腹的状态。生活、行走、思考，这些都需要能量，一般用千卡来衡量。日常消耗的身体能量必须由固体与 / 或液体食物补充，而且必须每天如此。否则，身体就会感到难受，日渐衰弱，直至死亡。

2000 年 9 月，联合国秘书长科菲·安南在纽约东河沿岸的玻璃大楼里召集联合国 192 个成员国政府首脑。其目的就是总结第三个千年之始损害人类的主要灾难，并且找出应对这些灾难的策略。这份文件的题目是《新千年发展目标》，首要目标就是在 2015 年将饥饿人数减少一半，但结果以失败告终。

2008 年至 2012 年间，饥饿人数又增加了。联合国文件《世界粮食价格指数》是关于基础粮食价格变化的文件。根据这一文件，饥饿人数在 2002 年至 2012 年间增加了一倍，这在世界各地的贫民地区引发了新的灾难。

2000 年至 2015 年间，坏疽性口炎肆虐成灾，造成数以万计的人身体残疾，尤其是在撒哈拉沙漠南部地区。这是一种因营养不良而产生的可怕疾病，会破坏孩子们脸上的软组织。感染这种疾病的前三周内，如果进行抗生素治疗，就能完全治愈，而这种治疗的成本不到 5 欧元 ①。但是因为资金不足，疾病总是扩张到新的地区。

2015 年 9 月，联合国新任秘书长韩国人潘基文改变了行动方式，他与前任秘书长一样坚决与世界各地的灾难作斗争：这一次各国政府首脑达成一致意见，要努力实现《2030 年规划》。它包含了一系列的改革措施，在接下去的十五年内必须消灭损害人类的 17 种灾难，而不仅仅是 8 种。

关于饥饿，不再是减少受害者的人数，而是要完全、彻底地杜绝任何饥饿的发生。《2030 年规划》的第二大目标是"消灭饥饿"。

但是再一次，在这份长达 29 页的文件中，没有向各国提出消灭饥饿具体而真正有效的措施，比如，禁止基础粮食的投机交易，禁止对冲基金公司在南半

---

① "希望之风"人道主义基金一直都在同坏疽性口炎作斗争。参见 http://www.windsofhope.org。另一个有效组织是"哨兵"组织，参见 http://sentinelles.org。这两个组织都位于洛桑。

球征用农用土地，禁止使用生物燃料，禁止欧洲对世界粮食市场进行倾销，等等。

各国政府首脑非常担心会激怒十几家跨国私有企业，担心他们进行经济、政治上的报复，这些企业控制了全球食品贸易的 85%[①]。

是不是应该感到绝望？不。我们与饥饿的受害者命运不同，只因为出生的偶然。饥饿由人类一手造成，它也可以由人类来消灭。与他人感同身受的意识是人类的重要品质。我们中的每个人，无论他生活在哪里，都可以站起来行动，督促自己的政府执行紧急基本改革，从而阻止大规模的死亡。

阿根廷女诗人梅赛德斯·索萨表达了这样一种希望：

我向上帝祈求的唯一一件事

[①] 参见让·兹耶格雷著：《群体的毁灭：关于饥饿的地理政治学》，巴黎，瑟伊出版社，2011 年。

就是：痛苦不会让我麻木

惨白的死神不会找到空虚而孤单的我

在我完成此生此世必做之事之前。

让·兹耶格雷，日内瓦，2015 年 12 月

2011 版序言

世界各地，人们以同样的方式死于饥饿。在索马里的难民集中营，在卡拉基的难民区或者达卡的贫民区，死亡总是以同样的方式一步步靠近。

一个活着的人可以 3 分钟不呼吸、3 天不喝水、3 星期不吃饭，但这已经是极限，之后身体就会衰弱，而营养不良的孩子身体衰竭的速度会更快。身体首先消耗存储的糖分，然后是脂肪。孩子们变得昏昏欲睡，他们很快变瘦，免疫系统随之崩溃。腹泻会加速身体衰竭，口腔寄生虫与呼吸道感染会导致剧痛。之后肌肉群开始腐烂。孩子再也无法站立。他们像小动物一样，在尘土中蜷缩着身体。他们的双臂毫无生气地摆来摆去。他们的脸仿佛是老人的脸。最终，死亡降临在他们身上。

然而，引发这种灾难的原因是多方面的。各种因果链条彼此交叉。在这里，我只谈论最确凿、最现实的原因。对于农村居民与城市居民而言，这些原因又不尽相同。

2010 年，农村人口约占世界总人口的 42%（26 亿人包括农民、渔民、养殖户、佃农、短工、流动的工人）。其中最贫穷的是流动的工人和短工，他们有 5 亿人，没有任何土地。

正是在这些人中，饥饿产生的破坏力最可怕。

目前，南半球 122 个国家的外债额超过 23000 亿美元。对于最贫穷的 50 个国家而言，债务就像是止血带。他们出口棉花、花生、甘蔗等产物所挣得的钱，都必须用于偿还或者分期偿还借债的利息给银行和国际组织：西方债权银行、大型国际组织——世界货币基金组织、世界银行、欧洲投资银行，等等，它们在这方面的要求都十分苛刻。

撒哈拉南部的 47 个非洲国家用于农民的投资平均只占公共预算的 4%①。只有 3.8% 的可耕种地是灌溉地。在撒哈拉南部非洲国家，农业灌溉一直倚赖降雨——3000 年来一直如此，畜力与机械力严重不足。所以，同样一公顷的谷地，马里只能生产出 600 千克至 700 千克的谷物，而法国则可以生产出 10 吨的谷物。为什么？是因为沃洛夫农民或者巴姆巴拉农民比布列塔尼农民或者弗朗什-孔泰农民无能、懒惰？当然不是。在撒哈拉南部非洲国家，肥料、优质的种子、农药、农耕牲畜、拖拉机等，都很稀缺②。国家无力提供这些东西。

饥饿之所以经常夺去农村居民的生命，另一个原因是工业国家实行的农业倾销政策。

---

① 在撒哈拉南部非洲国家，1972 年至 2010 年间，严重营养不良的人数从 8200 万上升到 20200 万，并且人数一直都在增加。

② 估计在撒哈拉南部非洲国家大约有 25 万头可用于农业牵引的牲畜。

经济合作发展组织（OCDE）的工业化国家在2010年发放给农民与养殖业户3500亿美元，作为生产、出口的补贴。尤其是欧盟，一直恬不知耻地实行农业倾销，把过剩的农产品倾销至非洲市场。

以西非地区最大的日常消费品市场桑答加（Sandaga）为例。这是一个喧哗、多彩、芬芳的神奇世界，位于达喀尔市中心。一年四季，家庭主妇可以在这里买到葡萄牙、法国、西班牙、意大利、希腊等国家当季的蔬菜和水果，价格是本地同类产品价格的三分之一或者一半。

几公里外，在火辣辣的阳光下，沃洛夫农民与自己的孩子、妻子每天农作时间长达十五个小时……但哪怕这样辛苦，也根本无法维持最基本的生活。地球上几乎没有人像他们这样在如此恶劣的环境下如此辛苦地劳作。而马里的巴姆巴拉的农民、布吉纳法索的莫西农民、刚果金基伍的巴什农民与他们遭遇着同样的命运。

欧洲的农业倾销政策摧毁了这些农民和他们孩子的生活。

不久之前，一场新的灾难侵袭了南半球的农村居民：大量的可耕种地被某些跨国私有企业占领，比如纽约、伦敦以及其他地方的对冲基金公司，或者是沙特阿拉伯、利比亚、某些资金集团，这种情况在撒哈拉南部非洲国家尤其严重。

就这样，2010年他们从撒哈拉南部非洲国家农民手里夺去了4100万公顷肥沃的土地。

这些"巧取"通过两种方式实现：要么外国的垄断企业买断土地，通常依靠世界银行或者其他银行的借贷支持；要么达成协议，获取长达99年的收益权。

那么，外国投机者如何处理这些从非洲农民手里抢夺来的土地呢？他们不是种植反季蔬菜、水果，供应给欧洲以及其他地区的市场，就是种植棕榈树、甘蔗，用来制造生物燃料（生物乙醇、生物柴油）。

在塞内加尔北部河湾地区肥沃的土地上，或者在毛里塔尼亚，马赛水果公司种植收获了成千上万吨的番茄、黄瓜、草莓、豌豆、甜瓜……专门供应给法国的消费者。

在全世界最贫穷的国家塞拉利昂，合资企业阿达克斯生物能源公司（Addax-bioenergy）——其总部在洛桑——刚刚获得了20000公顷的土地，用于种植甘蔗、制造生物乙醇。

为这些强盗行为提供资金支持的机构是世界银行、欧洲投资银行、非洲发展银行，他们的辩词很奇怪：既然这些非洲农民的生产力如此低下，最好还是把这些土地交给能够获得更高收益的"生产者"。

在洛桑强盗抢夺的这些土地上，生活着千千万万的农民家庭，尤其是水稻种植者。

他们何去何从？他们将被驱逐到弗里敦肮脏的平民区，在那里，失业、疾病、儿童卖淫肆虐横行，他们只有绝望。

阿达克斯生物能源公司很慷慨，它为一小部分农民的儿子"提供工作"。承诺每日工资为 10000 塞拉利昂币，也就是 1.8 欧元 ①。

现在让我们来看一下生活在孟买、圣保罗、智利圣地亚哥、利马、马尼拉等地区贫民区家庭的命运。在那里，在脏兮兮的窝棚里，孩子们与老鼠抢夺食物吃；在那里，没有安全可用的自来水，没有化粪池。长期失业让一位位父亲失去了尊严，让一位位贫困的母亲陷入对未来的焦虑。为了帮助父母生存下去，小女孩们在富人区的大街上卖身。

22 亿人生活在世界银行官员所说的"极度贫困"中："赤贫者"每天只能依靠不到 1.25 美元的钱活下去。但是，他们中的大部分每天都必须购买食物。

---

① 参见《外交界》，2010 年 1 月刊。

2008 年基础粮食（大米、玉米、小麦）的价格飞涨，2011 年再一次上涨①。

2010 年，每吨小麦粉的价格翻了一番，2011 年 1 月的价格是 270 欧元。小麦的价格上涨了 54%，而玉米的价格上涨了 63%。如今，这些价格依然在浮动。

联合国粮食与农业组织（FAO）持有一份《世界食品价格指数》。与 2005 年相比，基础粮食的平均价格上涨了 51%。

价格为什么会飞涨？有两个重要的原因：农业燃料与投机交易的发展。

2010 年，美国农产品加工垄断企业燃烧了 1.42 亿吨的玉米（收割的玉米总量的三分之一）以及几万吨的小麦用以生产生物乙醇和生物柴油——他们从联邦政府获得了几十亿的补助。

---

① 我们把玉米、水稻、麦子称作基础粮食，它们占全世界消费的 75%。光水稻就占了消费的一半。

美国总统奥巴马刚刚又更新了这个由乔治·W.布什提出的项目。所以，几十亿美元的公共补贴款又将流入农产品加工垄断企业，用以生产农业燃料。

乍一看，奥巴马的理由似乎很合理。

用植物能源替代化石能源可以保护空气，可以让许许多多的美国汽车继续行驶，而避免司机在被污染的空气里感到窒息。此外，美国显然是全球第一大工业强国。虽然它的人口相对并不多——3亿人口。全球每年生产的工业产品的25%都来自美国。但是这一庞大工业机器的原材料是石油：美国每天消耗2000万桶石油，其中800万桶产于得克萨斯与阿拉斯加之间的地区，1200万桶为海外进口，占总量的60%。这些国外的石油原产地位于世界上时局不稳的危险地域：波斯湾、中东、尼日利亚，等等。结果就是：为了保护这些地区，美国不得不花费大量金钱维持强大的军事实力，而他们原先每年就要支付几十亿美元给中东地区、以色列的雇佣兵。

在奥巴马看来，之所以需要农业燃料，是因为这样可以慢慢减少美国对国外石油能源的依赖。

以生物乙醇为燃料的汽车油箱平均容量为50升。要加满油箱——也就是说要获取50升的生物乙醇——必须燃烧358千克玉米。但是，358千克的玉米可以供赞比亚或者墨西哥的一个孩子吃一年，在那里，玉米是基本粮食。

虽然美国有这些理由——我举美国这个例子是因为它是全球第一大农业燃料生产国，但是，还有另一个显而易见的事实：每天有37000人死于饥饿或者死于饥饿引发的疾病。10亿人，也就是说全世界人口的六分之一，一直都处于严重的营养不良状态中，因饥饿而残疾。这是联合国粮食与农业组织的数据。没有人会怀疑这些数字。死去的人一年年增加。饥饿的日常屠杀变成了一种冷冰冰的习以为常的事。

在这样的情况下，燃烧谷物来获取农业燃料，是一种反人类的罪行。

再来看一下价格飞涨的另一个原因：农业原材料的投机交易。这也使许许多多的人坠入饥饿的深渊。2008年，法兰克福、东京、纽约、伦敦的股票市场崩盘，几千亿美元在这场经济危机中化为泡影。

结果呢？大的交易所（银行、基金公司）撤离金融证券市场转向农业原材料证券市场。其中最强大的公司就是芝加哥商品交易所。通过完全合法的手段——比如期限合同——强盗们进行大米、小麦、玉米、大豆、豌豆等农产品的投机贸易，获取巨额利润。

海内·弗拉斯贝克是联合国贸易和发展会议（CNUSED）杰出的首席经济学家。2008年7月，他发表了一份报告，他指出，2008年第一季度投机利润在基础粮食增长中所占比例上升到 37%①。

任何投机倒把、抬高粮食价格的人都是在谋杀孩子。

2008 年 10 月 22 日，欧元区 16 国政府首脑齐聚巴黎的爱丽舍宫。18 点，安格拉·默克尔与尼古拉·萨科齐出现在爱丽舍宫门前的石阶上，他们对记者们宣布："我们刚刚拨款 17000 亿欧元，促使银行间的信贷流动，促使我们银行资金自给的能力提高 3% 至 5%。"

在接下去的几个月中，欧洲强国大量缩减对国际粮食的资助。这导致了怎样的局面？

以苏丹的西部地区为例：这个地区的面积比法国还大。在这个地区的三个省份，4 年来，战争导致 35 万人死亡，2200 万人转移至联合国（ONU）建立

---

① 海内·弗拉斯贝克：《联合国贸易和发展会议报告》，日内瓦，2008年 7 月。

的 17 个避难营地。

联合国难民署（HCR）提供房屋、卫生设施、法律保护、基本的医疗救助，而食物则由世界粮食计划署（PAM）提供。

如果世界粮食计划署装满大米、面粉、奶粉和水箱的白色卡车不能保证每三天供应一次，这些人就会死去。不可能找到任何吃的东西。女人们稍稍离开避难营去寻找树木、水，就会被民兵抓捕、强奸、杀害。

要顺利实现当时正在进行中的紧急救助计划——包括在达尔富尔、索马里、肯尼亚北部等地区，联合国难民署与世界粮食计划署的物资根本就不够。他们倚赖发达国家的自愿捐助，但是，2008 年以来，这些捐助再也没有出现过，即使有，也是杯水车薪①。

① 世界粮食计划署的年平均预算大约为 60 亿美元。如今是 36 亿美元。

结果是：在达尔富尔的难民营，世界粮食计划署实行日常定量配给，为每个成年人提供1500卡热量的食物，而世界卫生组织规定的最低热量摄取量为2200卡（每个成年人每天）。简言之：在飘扬着联合国蓝色旗帜的地方，在1951年公约原本规定必须保障流亡者生活的地方，联合国——虽然它怀着强烈而美好的愿望——如今在做的事是发展营养不良，这将导致疾病与死亡。

西方国家中断对紧急救助所需食物的资助还导致了另一个恶果：世界粮食计划署不得不在全球范围内减少供应学校的学生餐。

在孟加拉国，100万的孩子从此再也吃不到学校提供的饭菜。

作为负责粮食权的联合国粮食专门报告人，我考察了孟加拉国。当然我并没有见到那100万孩子。但是我参观了吉大港、达卡的好几所学校。看到那些笑容羞涩、眼睛又黑又大、身体孱弱的女孩、男孩，我

14

明白了，很显然，学校提供的饭菜是他们生存下去的唯一保证。

如果想要制裁证券市场上引发金融市场崩溃与全球经济危机的强盗、无赖，就必须组织一次新的纽伦堡审判。因为他们的罪行是反人类的。

这本书的第一版发行于 1999 年，之后多次重印，它被翻译成好多种语言。现在的这个版本，我没有对它进行丝毫的修改。这个世界上同类相残引发的各个方面的暴力始终没有改变。只有受害者的数量变了。急剧增长。

目前，大约有 1 亿人处于严重的长期营养不良状态。每 4 分钟就有一个孩子因为缺乏维生素 A 而失明。坏疽性口炎正是因为幼儿营养不良而引发的疾病，每年新增感染人数 14 万人。这种疾病会破坏脸部的软组织。而事实上，治疗这种疾病很简单，只需要一些抗生素以及适合的食物。

在我们这个星球上，每5秒钟就有一个不到10岁的孩子因饥饿而丧失生命。联合国粮食与农业组织的年度报告提供了这一数据，它指出，目前全世界的农业应该可以正常养活120亿人口①。而现在我们地球上生活着大约67亿人。

由此可以看出什么？这一切并不是无法逃脱的命运。任何一个因饥饿而死去的孩子都是被谋杀的。

希望在哪里？

如果我们能积极组织、行动，我们很容易就能制止农业倾销、基础粮食的投机贸易、农业燃料生产商对粮食的破坏以及在最最贫穷的国家金融资本巨头对可耕地的掠夺。

---

① 联合国粮食与农业组织:《世界粮食不安全状况》，罗马，2010 年。"正常"意思是：每个成年人每日 2700 卡热量。

乔治·贝纳诺写道："上帝之手即我们人类之手。"
除了我们自己，没有谁可以改变这个世界。

让·兹耶格雷，日内瓦，2011 年 1 月

1. 1999 年，索马里爆发饥荒

我不明白，为什么快要到 2000 年了，在这样一个富有的星球上，还有那么多人因为饥饿而失去生命。

你说得对，卡兰。1999 年的春天，索马里爆发了严重的饥荒，我们才开始讨论这个问题，这更加令世人哗然。

有几天，电视里一直都在播放索马里难民的短片，男人、女人、孩子，他们双腿干瘦，站都站不稳，逃离索马里南部。在我看来，这些电视台的态度非常冷漠。你也看到这些画面了，对吗？

这就是为什么我觉得愤慨！

你要知道，在西方，在这么多富人生活的国家，我觉得没有人会在意索马里的这场饥荒，也没有人会在意现在发生在苏丹、塞拉利昂或者其他第三世界国家的饥荒。更准确地说，就算有人关注过，也没有任何人有抗争的意识。什么都没有。缓慢的破坏，无尽的屠杀，被饥饿折磨而死，怎么说呢，这些已经变成了一种见怪不怪的正常现象。可是，那些天你在电视上看到的画面只不过是索马里饥荒尚可示人的一面。事实上，这场饥荒从年初开始已经造成索马里南部嘎加、科尔巴、杜朱马、杰里勒等城市中尸骨堆积如山。这些死去的人，你并没有看到。没有任何人看到。摄影机位于埃塞俄比亚难民营的入口处欧加登，离索马里南部地区有好几百公里。你所见到的人是暂时的幸存者，他们依靠着仅有的力气越过了边界，抵达了一处收容所——正好就在欧加登。

这是埃塞俄比亚的一个省，地域开阔，毗邻索马里。这个地方大部分的居民是索马里的牧人与农民。八十多年前，亚的斯亚贝巴的孟尼里克国王攻占了古索马里的这个地区，强行把它纳入自己的王国版图。但是，如今的埃塞俄比亚非常贫穷。而且，通过革命取代了阿姆哈拉国王的亚的斯亚贝巴政府现在又一次陷入了战乱！这次是与它北部的邻国厄立特里亚开战。

这一切都是为了告诉你，从索马里南部的死人堆里侥幸逃脱的几万人，如今抵达的也是一个濒临崩塌的国家。埃塞俄比亚地区，比如多洛、卡拉洛，很多的难民营如今也只是等死之地。

这么多人遭遇旱灾，这么多游牧家庭的牲畜纷纷死去，他们可都是索马里公民啊。

要理解这一点很难。索马里的面积比法国大10万平方公里，但是人口远远少于法国人口：不到1000万。索马里北部的经济相对比较繁荣。在哈继萨的诺加尔山谷以及这个地区其他许多开阔的区域，井水充盈，收成总是很好，遍地都是牛羊。

为什么不采取任何措施来救助千千万万在生死线上挣扎的民众？

实际上，索马里只有一个民族、一种语言、一种宗教，它并未像许多其他非洲国家那样经历过民族分裂。问题在于，十几年前开始，荣耀的索马里已经失去了名副其实的政府。不同的敌对部落相互残杀，大炮、冲锋枪、刀剑，无所不用。每一个部落都有一个战争首领，他一心只求一件事：自己的权力以及自己部落的财富与牲畜。

饥荒肆虐的南方地区，有一个小小的港口城市：

梅尔卡。战争摧毁了港口的码头，国际组织运输大米的船只只能停在远处。破旧、脆弱的小船把粮食运到港口——数量远远不够。港口的城墙某些地方已经破了，全副武装的年轻人守卫在那里，目光因为吸食大麻而病态地闪着光，他们将一部分粮食占为己有——把卡车上的袋子装满粮食，然后去北部的市场上重新出售。更加可悲的是摩加迪沙，这是印度洋沿岸设施最为齐全的一个港口，最初由意大利殖民者建立，有起重机、仓库、传输带、深水池，可以每天接收、存储、发送成千上万吨的货物。这个现代化港口位于梅尔卡偏北地区，也就是说离灾民区并不远。但是摩加迪沙完全陷入了瘫痪的状态——港口被关闭，当地的首领四处相互残杀。结果就是：国际救助物资无法抵达。外国的船只无法靠岸，因为害怕被抢劫。船上的人员担心自己的生命安全——我很理解他们。索马里经常发生绑架人质事件！

这些战争首领是人民的罪人，他们是杀人犯！

的确如此。

2. 全球饥饿人口

现在世界上有多少人的生命受到饥饿的威胁呢？

FAO，即联合国粮食与农业组织，在其最近的一份报告中指出，1998 年超过 1000 万的人死于饥饿，同时期，超过 8.28 亿的人因为长期严重的营养不良而饱受折磨。男人、女人、孩子因为缺乏食物而患上不可治愈的疾病。要么，他们在短期内不治而亡；要么，他们身体落下残疾（失明、佝偻病、大脑发育不良，等等），勉强度日。

以失明这一病症为例：每年有 700 万人因为营养不良或者营养不良导致的疾病而失去视力。1.46 亿盲人生活在非洲、亚洲、拉丁美洲。1999 年，世界卫生组织总干事格罗·布伦特兰在日内瓦宣读的《展望2020》报告中说道："80%的失明患者完全可以避免失明。"尤其是低幼儿童，只要按时摄取维他命A就可以了。我们可以以两种方式解读关于饥饿的各种数据：世界各地的受害者人数一直都在持续增长，尤其是南半球国家；但是，如果把营养不良的受害者与全世界人口的增长相比，那么，反而可以说受害者人数稍许"减少"了。1999年，全世界人口的20%处于极度的营养不良状态；8年后，这一百分比"只有"19%。

严重营养不良的人主要在哪些地方？

在东南亚，18%的人处于严重的营养不良状态，男男女女、老老少少。在非洲，数量达到总人口的35%。在拉丁美洲以及加勒比地区，则占比14%。全世界"严重营养不良的人"中四分之三都生活在农村，剩下的四分之一生活在第三世界国家大城市周边的贫民区。

怎么会这样呢？生活在农村的人，也就是说生产粮食的农民，他们反而最缺乏粮食？

对啊！比如，撒哈拉南部非洲地区居住着大量的农民，他们非常勤劳，拥有世世代代传下来的耕作知识，精力充沛，每日辛苦劳作。但是这些农民一辈子从来都吃不饱。正是这些人经常死于营养不良导致的一系列疾病或者死于饥饿。

非洲的情况最严重？

不是。从数字看，严格来说应该是亚洲情况最严重。亚洲生活着 5.5 亿极度缺乏粮食的人，而撒哈拉南部非洲地区"只有"1.7 亿人。

我们欧洲呢？是不是没有人饿肚子？

当然不是！哪怕在富有的国家也会有人饿死，俄罗斯就是一个例子。它目前是全世界第一大金、铀、石油、天然气生产国；而且，它也是第二大核能源国。还有其他一些国家表现出这样一种悖论：刚果金拥有世界上最丰富的矿藏资源，但是这个国家成千上万的人因为饥饿而失去生命。在巴西，贪得无厌的寡头政治集团独占了大部分财富。这个国家是全世界最重要的粮食出口国之一。但是，在它的东北地区，每年营养不良导致了大量的死亡。

3. 饥荒一直存在？

饥荒是什么时候产生的？

自古以来就有！从人类诞生之日起，它就存在了。在新石器时代，它是人类每天的梦魇。乌尔和巴比伦曾经经常遭受饥荒的摧残。在古希腊古罗马时期，可怕的饥荒时常夺去田野间人的生命。在中世纪时期，无数的农奴、自由身的农民、城市居民以及他们的妻子、孩子死于饥饿。整个 19 世纪，在中国、俄国、奥斯曼帝国，以及非洲地区，饥荒夺去了几十万人的生命。

然而，在刚刚过去的 100 年间，人类的生产力——包括农业生产力——有了极大的发展。如今在我们地球上再也没有什么"物的缺乏",正如马克思所言,现在恰恰是物资极度丰富的时代。但是,饥荒这一灾难并没有因此而消失。如今之所以会有人饿死,是因为社会性的缺乏,也就是说可用物资的不公平分配。每年有几百万的人饿死,因为他们没有钱或者没有其他办法得到足够的食物。

如果我没有理解错的话,也就是说,我们的地球有能力让所有的人都吃饱?

不仅仅如此,我们的地球至少可以喂饱目前人口2倍的人口。现在地球上有60多亿人。联合国粮食与农业组织指出,以目前的粮食生产力,我们可以毫不费力地养活120亿人。所谓养活,意思是保证每一个人——男人、女人、儿童——每日都能得到2400—2700卡的食物,每个人因为年龄的不同、工作性质的不同以及生活地气候的差异,对食物的需求是不同的。

所以饥荒并不是不可避免的？

当然。如果地球上的食物能合理分配，那么每个人都有充足的食物。

在西方，有一种理论毒害了大家的思想：自然选择论。这是一种反常的理论！大家都承认世界上的饥荒是一种不可接受的丑闻，但是有些人觉得不幸总有它的好处。地球上的人口数量一直都在增长，而且增长越来越快，饥荒具有一种削减作用：它可以除去一些人，如果这些人活下去，就会引起人口的过量。简言之，为了避免人类因缺乏氧气、食物、水以及其他所有人口过量导致的可怕灾难而灭亡，大自然本身会定期除去过量的人口。

是谁创造了这样一种可怕的理论？

一个名字叫做托马斯·马尔萨斯的英国国教牧师，他生活于18世纪末的英国。1789年，他出版了一本书《人口原理》，在当时欧洲统治阶级中大获成功。

他们怎么会相信这个马尔萨斯的理论呢？

答案很简单，卡兰。这个理论错误至极，但是它留给我们的记忆具有一种完美的心理功能。饿死鬼、躺在诊所地上垂死的孩子、电视上播放的从苏丹荒凉的地方逃出来的男女老少，这些形象正常人都不能忍受。为了安抚焦灼的内心，或者说，为了平息面对荒诞的世界秩序而产生的厌恶感，大家纷纷求助于马尔萨斯的假科学——虽然他们自己并不总是承认，因为这种理论可以让他们忘记、赶走、"抹去"他们作为旁观者所感受到的恐惧。

卡兰，必须再一次声明：没有任何一个饥饿者是"命中注定"的。对于我们这些充满活力、积极行动的人而言，没有人会相信饥饿与死亡不可避免。

4. 饥荒分不同类型

看电视的时候，我觉得并不是所有的饥荒都一样。为什么？

联合国粮食与农业组织对"结构性饥荒"与"环境性饥荒"作了区分。简言之，"环境性饥荒"是因为一个社会整个经济以及社会基础设施在短时间内突然崩塌。比如干旱、飓风，它们的出现会摧毁村庄、田野、道路、水井；比如战争的爆发，房屋倒塌，桥梁炸毁，市场消失，居民四处流浪。一下子，就没有粮食了，几百万人瞬间没有可吃的东西。如果国际救援不能立即抵达，他们只能饿死。

见过。我记得 1985 年 1 月的某一天，在埃塞俄比亚。因为产品价格暴跌，这个原本出口咖啡、动物皮毛、柑橘的国家一下子无力应对干旱与饥荒。已经有 5 年没下雨了，长时间以来，所有的地方粮食都极度匮乏。国际人道主义救援组织装满粮食的直升机在海拔 2400 米的石山上空飞行，旁边还有另一架一模一样的飞机。石山缓缓地通向开阔的巴尔卡平原，在那里住着本-阿玛民族。每个地方的土地都是灰黄色的。我们的飞机飞了一个多小时，偶尔看到的几个村庄看起来都没有人烟，一片荒凉。这些幽灵一般的村庄，虽然房屋并未被破坏，但是没有任何人或者动物生活在那里。我们在巴尔卡的首都阿科达特着陆，它曾经是埃塞俄比亚土地最肥沃的地方。一般情况下，城市人口不到 6000 人。但是当时我抵达这座城市时，人口超过 25000 人，而且，每天早上，迷雾中都会不断出现新的难民队伍。

目光所及之处，到处都是纸板房，系在两根枯树枝之间的塑料布。一动不动的人，瘦骨嶙峋，就那么躺在尘土飞扬的地上。没有一点声音，除了苍蝇的嗡嗡声，它们叮咬着孩子们被感染的眼睛。几位老人背靠着难民营唯一的水箱，他们是侥幸逃出来的部落首领，目光迷茫，身体瘦削，撑着粗粗的牧羊杖。面对陌生的访者，他们的举止不可思议地保持着一种庄重。

在收容中心门前，一位年轻的埃塞俄比亚男护士正在对人群进行挑选：这一行为很残忍，但是不可不做，在广阔的埃塞俄比亚土地上——面积超过 12 万平方公里，几百位医生、护士、社工，无论他们来自国外还是埃塞俄比亚，都必须进行这项操作。长途跋涉来到阿科达特收容中心的幸存者通常需要特别的食物供给以及紧急治疗，但是，因为食物很有限，所以只能由当地的护士决定谁可以侥幸活下去，谁可能很快死去——因为他自己糟糕的身体状态。在砖头砌成的房子前面，女人们坐着，怀里抱着孩子。破布包着的孩子缓缓被举起，伴随着呼吸的声音。护士推开一个个孩子。有时，他会对坐在一边的女人示意一下。一些年轻人就会把孩子抱走，轻轻地放在一辆小车上，车子开向几公里外的丘陵，医院就在那里。

那没有被送去医院的孩子怎么办呢？

他们就在原地等死。

这样的做法太卑鄙、太可怕了！

的确。但是，不得不这么做。而且，我去过的地方都是这样做的。不仅仅是在阿科达特平原。

我在中部高原地区见过麦科勒、科朗的收容营：塑料破布铺在地面的凹处，二三十个瘦骨嶙峋的人挤在一起。到处都是棚屋，从山顶一直蔓延到周围的山坡。正式登记过的难民中有些人手上戴着塑料手环，这意味着他们每天可以去一次食物分发点。但是许多人都没有这个手环——尤其是大部分的孩子都没有。

在麦科勒、科朗就像在阿科达特一样，医生和护士也进行挑选。他们检查饥民的身体状况，判断他们是否可以被救活。这是非常残酷的选择：只是因为没有足够的食物、静脉注射血清、维他命片、谷物。所以只能尽力救活那些身体、大脑都还没有被严重损害的人。

怎么可以不给一个快饿死的孩子东西吃呢？

就是因为事先的选择机制，卡兰！因为又瘦又小的人细细的手腕上戴着的那个塑料手环……孩子和母亲可能第二天还会再过来索要另一份食物，或者，护士会把他们打发走。你能想象护士心里在想什么吗？

她必须做选择，必须对母亲说："你的孩子病得太严重了，我们的食物数量有限，我不能把手环给他。"还有那位母亲。你能想象她的感受吗？可是啊！十五年前，我在埃塞俄比亚见到的一切，如今依然每日都在发生，就在一个个诊所前面，就在一个个收容所门前，从乍得到苏丹，从塞拉利昂到索马里，在第三世界的每个国家。

那"结构性饥荒"又是怎么回事呢？

很难解释清楚这个概念，因为这一现象与一群群寻找食物的难民没有什么关系，与许许多多的收容营没什么关系，与排成长队等待、怀里抱着面色如老人的孩子的瘦女人也没什么关系。"结构性饥荒"导致非洲、亚洲、拉丁美洲等地区几十万孩子的不幸，他们因为缺乏维生素 A 而双目失明。它导致每年 50 万非洲女人在坐月子的时候死去，因为她们衰弱的身体再也无法抵抗一点点的感染。它也引发了许许多多的疾病，包括一些未知的传染病或者很久之前就已经在欧洲被攻克的传染病。比如夸希奥科病，即恶性营养不良，这是一种缓慢破坏身体的疾病，尤其会妨碍孩子的身体发育。头发会变成红色，然后掉光；肚子鼓起来；牙根慢慢露出来，牙齿掉光。幼儿或者少年就这样慢慢死去。另一种疾病是寄生虫，它损害了第三世界国家许许多多人的健康。你是不是见过报纸上的照片，拍摄的是南亚、非洲、贝鲁、巴西大城市的郊区堆积成山的垃圾？这些都是城里的富人产生的垃圾。天还未亮，穷人、饥饿的人拥向这些小山，爬到上面去找吃的。

在学校的办公室里，我贴了这样的一张照片——你还记得吗？上面是两个衣衫褴褛的小男孩，赤着脚，目光里是无尽的悲伤，他们俯身在菲律宾马尼拉的一座垃圾山旁边。我们把这座垃圾堆积而成的、永远都像在燃烧的圆锥体叫做 Smokey Mountain

（冒烟的山）。它养活着整个柏雅塔斯街区的人，在那里生活着30万人，大部分都处于长期失业状态。那里的空气和水都被严重污染；老鼠、蚊子侵占了整个地区，还有营养不良，这些状况导致结核病、肺部疾病、皮肤病、肠虫病以及脑膜炎的泛滥。

在第三世界国家数不清的贫民区，随处可以见富人的垃圾"养活了"——请容许我用这个词——几千万的穷人。

5. 饥荒是如何产生的？

难道各国政府以及联合国不应该保证地球上粮食的平均分配吗？

你说得有道理。有一个特别的机构来负责救济饥民，这就是 World-Food-Program，法语名字是 PAM（Programme alimentaire mondial，世界粮食计划署）。这个组织成立于 1963 年，隶属于联合国粮食与农业组织（FAO）。

世界粮食计划署只对粮食短缺的国家负责。

PMA 目前的负责人是一位充满活力的美国人，即卡特琳娜·贝蒂妮。这个组织在全世界设立了 80 个办事处，有 2000 名工作人员与专家，其中 800 人在位于罗马的总部工作。

他们采取的原则很巧妙：机构收入的三分之二当然用于紧急救助，但是三分之一则转变为"工资"。PAM 与当地政府合作，推动基础设施再建工程。1998 年 9 月，我去了位于格鲁吉亚的南高加索。这一伟大的古国因两次内战而四分五裂。两个地区宣布独立：南奥塞梯和阿布哈兹。目前它的中央政府第比利斯由爱德华·谢瓦尔德纳泽领导。几十万人流离失所。格鲁吉亚根本没有办法养活这些人，也没法照顾他们。PAM 以最有效的方式展开救助。它提供资金让他们去躲避战火的农民废弃的土地上除草、种植茶叶。这些难民就这样在田野里工作，他们的收入不是钱，而是大米、麦子、奶粉。

多亏了 PAM，1997 年以来，成千上万个受难的家庭终于获得了日常所需的食物。

但是 1998 年，PAM 不得不终止救助。

在第比利斯的时候，我去拜访了 PAM 的负责人约瑟夫-阿兰·沙利叶，他是一个非常优秀的瑞士人，我去了他的办公室。他在墙上巨大的地图上为我指出格鲁吉亚难民的聚居地。我已经去过祖格迪迪地区以及西格鲁吉亚地区边界线沿线好几个这样的试验地。忽然，沙利叶对我说："一切都结束了。我收到来自罗马的命令，要求终止这些项目。"看到我惊讶的表情，他又接着说道："原因很简单。索马里和南苏丹的粮食供给状况更糟糕。PAM 没有足够的物资。所以罗马总部决定保留剩下的物资储存，去资助那两个国家。"

就这样，对南高加索地区流亡者与逃难者的人道主义帮助就此终止。

等一下！你刚刚和我说 PAM 的总负责人是一个美国女人。美国人有很多钱啊。为什么他们不从世界市场上稍微买一些食物呢？这样就可以同时救助高加索、索马里和苏丹的饥民了。

问得好。但是，即使美国、法国、德国这样的资助国打算或者可以从各自的预算中拨出额外的钱给PAM，也不可能解决这个问题，因为，根据季节的变化，世界市场上可以食用的粮食数量很有限。

怎么会这样？

举个例子，你知道吗？每年全世界收割的谷物的四分之一都用于喂养发达国家的牛。在我们国家，因为营养过剩而导致的心血管疾病患者越来越多，然而在世界其他地方，一直有人因为营养不良而死去。

在美国，实行了一种非常科学的养殖方法，牛吃得很好。每年，牛可以吃掉大约五十万吨种类不同的谷物。在中西部地区以及加利福尼亚，牛被圈养在宽敞的带空调的房子里，即我们所说的"饲养场"，它们以谷物为食，有一套电子设备可以定时分发食物。牛排成一排，一动不动。一座这样的饲养场可以装得下一万多头牛。农艺学家勒内·杜蒙估计，每年加利福尼亚一半的饲养场消耗的玉米数量要高于赞比亚这一个国家一年的粮食需求量。赞比亚的基本粮食就是玉米，这个国家长期受营养不良的威胁。

所以说世界市场上没有足够多可以吃的谷物？

也不尽然。另一个问题是，储备粮食的购买价格经常被人为抬高。你知道吗？我们在自由市场上购买的几乎所有的初级粮食的价格都是哄抬之后的价格。在美国城市芝加哥密歇根湖的沿岸，耸立着雄伟的摩天大楼。这座楼的名字是"芝加哥商品交易所"，这里是粮食初级原料的交易所。这个地方的统治者是一群银行家。至于真正的贸易，则掌控在几个粮食公司手里，数量极少但是权力极大。这些公司在世界各地都有买卖交易所；它们的商船出没于各个海域。它们就是大陆谷物公司、路易达孚公司、嘉吉公司，等等。托马斯·桑卡拉曾这样评价这些公司："它们是掠夺者。"

芝加哥商品交易所的投机商人随意操控价格。他们的策略只遵循一个原则，那就是利润最大化。至于乍得政府、埃塞俄比亚政府、海地政府这些正在与饥荒、死亡作斗争的国家是否有能力负担这些高得离谱的粮价，交易所的老爷们根本不会考虑这个问题，他们在乎的只是每周能多挣几百万美元。如果向他们提起受困于饥荒的灾民，他们会说，不是有联合国、红十字会这些机构吗？

但是我在电视上看到我们国家的农民在示威游行，反对因为农产品的过量生产导致收入锐减。发达国家究竟是如何处理越来越多的存粮的呢？

发达国家如果想要保证本国农民的粮价，就必须大量销毁粮食或者通过法律以及规范措施严格控制

29

生产。

欧盟会定期烧毁或者通过化学手段销毁堆积成山的肉以及几万吨各种各样的农产品。充满讽刺意味的是，世界上销毁粮食最多的人弗朗兹·费席勒目前担任欧盟农业部长，他以前是个农民，满脸络腮胡，为人热情，出生于意大利蒂罗尔。每年，他要发放3000亿法国法郎的补贴，主要对象是欧洲的农民、养殖户以及菜农，以保证农产品价格的稳定。他之所以支付这笔巨款，是为了让欧洲的农业生产者不要再增加产量。有时候，这项政策没什么作用，农业生产者会耍花招。于是就会出现我和你说的这些焚烧粮食的现象。现在，欧洲的这项政策已经失去了作用。费席勒想进行变革：不发放补贴，而是直接给不生产者发工资：这是奖励懒人。农民可以定期从欧盟获得收益，以停止生产粮食。费席勒这么做非常有道理，堆成山的肉食、番薯和蔬菜，流淌成河的牛奶，几万吨各种各样的农产品，定期销毁这些东西每年会导致欧盟的巨额开支，这些都是纳税人的钱。

为什么学校里从来没有人告诉我们世界上饥荒产生的原因？

我也觉得这很奇怪。许许多多的小学老师、中学老师都很开明、慷慨、非常支持第三世界国家人民的斗争。如果发生饥荒、开始进行公共捐助的时候，他们中的许多人都会告知自己的学生。但是，据我所知，没有哪一所学校把饥荒作为自己的教学内容——然而，饥荒每日夺去的生命比全世界所有战争夺去的生命还要多。没有任何课程分析、讨论、研究饥荒的缘由以及消灭饥荒应当采取的措施。

饥荒产生的影响牵涉许多方面。它的出现与危害都需要准确、细致的研究。但是，学校沉默不语；它不做自己分内之事。孩子们毕业时经常都觉得自己很优秀，对于团结抱着一种模糊的信心，但是对饥荒产生的原因以及可怕的影响从来都没有实实在在的认知或者清醒的意识。

似乎谈论饥饿变成了一种禁忌？

正是如此。一个从很久很久之前就出现的禁忌。早在 1952 年，巴西人约绪·德·卡斯特在他著名的作品《关于饥饿的地理政治学》中用整整一个章节讨论了"关于饥荒的禁忌"。他的解释很有意思：人们知道这么多的同类因为缺乏食物而死去，因此觉得十分羞耻，所以才会以深深的沉默来掩盖这一丑闻。这种羞耻感一直存在于学校、政府以及我们大部分人中间。

要了解 FAO 的各种报告是不是很容易？

没有什么比这个更容易的了！与饥荒作斗争的

人只有这一个心愿：让更多的人了解自己所知道的一切。只需要写信给下面这个地址就可以了：

FAO

Viale delle Terme di Caracalla 1

Rome 00153（Italie）

电话：00390657051　传真：0039065705155

网址：http://www.fao.org

当然，FAO 的官员与专家并没有掌握绝对的知识。他们并不是无所不知，当然也不是毫无城府。其实这是一个政治色彩非常浓厚的机构，但是，这并不会削弱这些工作者高水平的专业能力。

联合国成立大会结束刚刚 6 个月，FAO 成立，确切地说是在 1945 年 10 月。如今，基本上所有的国家都是联合国成员国。FAO 倚赖成员国的捐助，尤其是最发达的国家的捐助。美国在 1998 年捐助了大约本国预算的四分之一，日本捐助了 18%，法国、德国捐助了 10% 多一点，西班牙和加拿大分别捐助了3%，瑞士、澳大利亚、巴西分别捐助了 2%。在所有的报告中——尤其是 FAO 的官员撰写的有名的《世界粮食调查》这一报告中，这些工作人员都表示出一种谨慎的乐观精神，虽然现实依旧不如人意。

为什么？

在这些捐助大国，公共观点具有决定性的作用。某种程度上说，FAO 不得不对未来的前景进行美化，因为如果他们不这么做，那么发达国家不会继续愿意向他们资助大量的资金。所以，FAO 经常会使用一些鼓舞人心的句子美化报告中的结论。我可以给你举一些例子。1974 年《世界粮食调查》报告以这样一种承诺结尾："10 年后，在这个星球上，没有任何人，无论是男人、女人还是孩童，会饿着肚子去睡觉。"1996 年，在罗马举行的"世界粮食高峰会议"是这样结尾的:"到 2015 年,全世界饥饿人口数量将减少一半,我们一定会实现这一目标。"结果是,1974 年许下的目标完全走向了相反的方向:饥民数量增加了。而 1996 年的目标几乎也以失败而告终。

6. 战争导致的饥荒

我在书上看到，战争是导致饥荒的主要原因之一。

目前，这一可怕的灾难尤其摧残着非洲人民。1999 年，非洲大陆的人口只有全世界人口的 15%，但是超过 25% 的饥民都生活在非洲。

这些战争发生在哪些地方？为什么会发生呢？

战争爆发的原因多种多样，很复杂：部落仇恨，大家都想控制当地财富：钻石、金矿、石油……外国势力——金融集团、跨国公司，等等——秘密资助战争首领，这些首领实际上成了雇佣兵。看一下 1999

年在南苏丹、利比里亚、安哥拉、刚果开阔的盆地、布拉柴维尔、基伍、乍得、布隆迪、塞拉利昂发生的一切就了然了，连绵的战火可怕至极！全世界2500万政治难民的存活倚赖外国粮食资助，他们中一半的人住在非洲的难民营。你可以参看另一个数字：所谓的"流亡者"。这些人因为战争或者自然灾害而失去了一切。他们不得不离开自己的家园、田地、家畜，一切的一切。他们的人数在全世界已经达到了3000万人。而其中有一半人生活在非洲的某个国家。1970年至1998年之间，非洲发生了43次战争，由此引发了极其严重的粮食问题。

哪些问题？

我给你举一个例子。1997年，在塞拉利昂的首都弗里敦，某个军事政变组织推翻了政府。叛军的领导人福迪·桑科曾是军队的下士。塞拉利昂周边国家纷纷支援被推翻的政府：尼日利亚的军队安定了局势，通过新的选举，重新建立了政府。桑科的士兵结成了"革命联合阵线"，他们分散到乡村的各个地方，袭击村民；他们把村民聚集到公共广场上，砍断他们的双臂。他们的意思是："你们把我们赶了出去，现在，你们得付出代价。"许许多多的农民因此而死于饥饿：一个人没有手臂还怎么耕田？难道用残肢断臂？

难道就不能停止这些战争吗？

谁能做到呢？

而且，战争其实算不上引起饥荒的最关键的原因。它只是加大了运输与分发国际组织救援粮食的难度，甚至使之变得不可能。

比如，1998 年 12 月 28 日，葡萄牙卢萨通讯社得知了一件悲剧——之后美联社也报道了这一事件：

联合国一架载着 14 名国际专家与官员的飞机 C-130
在安哥拉西南部的万博机场起飞。在这个国家，政府
军与叛军 UNITA（"安哥拉彻底独立全国同盟"）之
间的战争已经持续了 23 年。飞机飞向首都卢安达。
在离首都 40 公里处的维拉诺瓦城市附近，飞机被
UNITA 的一枚炮弹击中。飞机上的所有人全部丧生。
然而，40 多万因为战争而流亡的安哥拉人都指望着
联合国救助粮每日的补给才能活下去。大部分难民所
在的地方只有货机才能抵达，公路的状况非常不确
定。C-130 飞机飞行非常缓慢，非常笨重，非常难以
操控，所以很容易被叛军击中，哪怕叛军的武器装备
非常落后。

但是，你和我说过，联合国以及其他的国际组织
非常勇敢，哪怕是在极端危险的条件下，哪怕是在战
火纷飞的地区，他们也一直都想尽办法运输、分发救
济粮。

你觉得这样做对吗？

什么？

继续提供救助。

我赞成与饥饿作斗争的那些人的做法。虽然情况很恶劣，种种矛盾似乎也很难克服。但是孩子的生命是无价的。就算杀人犯从货船上的救济物中拿走他们的那一部分也没关系，管他呢。

7. 什么是"粮食武器"

我经常听别人说"粮食武器",这是什么意思?

这正是我们现在所讨论的这个问题最可怕的一面。有些国家将剥夺粮食作为一种武器,来控制那些它们想要强加自己意愿的国家。

它们敲诈勒索?

比这还糟!抢夺国家政权的歹徒越来越经常地使用粮食武器:

1992 年至 1995 年,萨拉热窝这座城几乎完全被塞尔维亚士兵包围——只在机场下面留了一条通道。

塞尔维亚总统斯洛博丹·米洛舍维奇与他的同伙舍舍利、阿尔坎、姆拉迪奇实行粮食封锁，企图让城里的英勇民众屈服。1998 年 10 月开始，在科索沃，同样的罪犯烧光了几百个村子，杀害、肢解村民，活活饿死逃到山里的几万户家庭。

1996 年 10 月，在西非国家利比里亚的杜伯曼堡爆发了内战，查理·泰勒的军队包围了几千户反抗者的家庭，并且将他们活活饿死，这个杀人狂至今还统治着这个国家。

最后一个例子：我和你说过苏丹这个国家。喀土穆伊斯兰政权的首领哈萨·杜拉比在好几个时期派人射击救援组织的飞机，这些飞机装载着食物和药品，将要降落在南部和中部的荒僻之地，那里躲避着暂时侥幸逃离内战的几十万的农民和牧人，包括他们的家人。

米洛舍维奇、杜拉比、泰勒，这些人都是罪人！

当然是。只是，并不只有他们利用粮食武器来推行自己的政治。美洲的美国也这么做。

怎么会这样？

华盛顿的那位总统采取的一些限制措施形式比较温和。比如，对埃及实行的政策。埃及是你的第二祖国，那里的人主要吃麦饼或者黍饼。但是，埃及人所吃的饼每 6 个就有 1 个是由"第四点计划"资助的，这是一项双边援助计划，有助于美国充分利用剩余的谷物。

"第四点计划"由美国负责，支持穆巴拉克政权。美国时常对他发号施令。所以穆巴拉克只不过是他们手里的一个傀儡——虽然他并不是那么乐意。他负责执行美国想要在中东地区所做的事，他只能在两种糟糕的选择中选一个：要么同意扮演美国人傀儡的角色，要么被饥荒引起的暴动赶下台。

你刚刚说的是美国人使用的怀柔政策。他们是不是也会使用一些更加暴力的方法？

很不幸，事实的确如此。看一下伊拉克的情况就知道了，在把萨达姆·侯赛因赶出科威特的"沙漠风暴"行动中，施瓦茨科普夫将军的装甲车停在了离巴格达 100 公里处，之后就撤退了。布什总统不想触犯萨达姆，担心巴格达会建立起什叶派政权。实际上伊拉克的大部分阿拉伯人都是什叶派，他们亲近华盛顿的头号敌人伊朗。但是 8 年多来，联合国的成员国——以安理会某个不公平的决策为掩饰——对伊拉克实行严酷的粮食封锁。这个国家只能出口少量石油才能支付补贴给侵略科威特的士兵。他们把在国际世界的监管下出售石油获得的一部分钱用来进口食物和药品。但是这些进口商品完全不够用。理论上说，粮食封锁目的是为了迫使萨达姆允许国际监察员检测他手上破坏力极大的生物武器和核武器。但实际上，美国是希望增加伊拉克人民的痛苦，这样他们就会奋起反抗，推翻专制政权。

伊拉克人民能做到吗？

当然不能！萨达姆的秘密警察相当于德国的盖世太保和俄国的克格勃。他们非常残忍，工作见效很快。

萨达姆和他的家人也会因为粮食封锁受到折磨？

他们过得舒适自在！塔克里提一族占据了所有的权力职位，他们过着奢华的生活。据联合国在伊拉克的人道主义救援协调员德尼斯·哈里戴所言——他是伊拉克人，刚刚辞职，1998 年，60 万的伊拉克儿童因为缺乏足够的食物与药品而死去。1999 年 1 月 18日，哈里戴在巴黎召开了一个新闻发布会。1999 年 1月 19 日的《自由报》援引了他的结论："在伊拉克，美国犯下了灭绝种族的罪行。"

萨达姆是个强盗、坏蛋。他死一千次都不足惜。

但是，萨达姆身体一直都很健康。受罪的是孩子们。

"粮食武器"真是一种让人讨厌的手段。应当禁止世界上所有的国家使用这种手段。

的确。但是光这样做还不够。因为不仅仅是国家使用这种手段，某些私人的跨国公司也使用这种手段。

哪些公司？

我在这里只举一个例子，但是非常有名，令人悲伤：这就是雀巢公司，它是世界上第一大食品生产商。1970 年 1 月 1 日，智利的左派政党和工会会员发起了一场影响广泛的运动，即"人民团结联盟"，他们发布了一份包含 101 条建议的行动纲领。其中最重要的一条是——如果他们的候选人在总统选举中获胜——他们将为所有 15 岁以下的孩子每天免费提供半升牛奶。智利最危急的一个问题就是儿童营养不良。

选举于 1970 年 9 月进行。"人民团结联盟"候选人萨尔瓦多·阿连德获得了 36.5% 的选票。11 月，智利国会的两个议院宣布授予他总统职位。

说说阿连德这个人吧。

他是一位儿科医生，他非常了解缺乏蛋白质和维他命会引发的灾难以及国内许多孩子遭遇的健康问题。所以最开始他决定实施的一项政策就是免费发放牛奶。在智利，跨国公司雀巢以及其他同类公司完全垄断了奶粉市场，它们每年依靠出售奶粉和儿童罐装食品赚取了几千万美元。雀巢有自己的工厂，与养牛的人以及商店的销售商签订了专营合同。所以必须同雀巢公司合作。

合作顺利吗？

不顺利。1971年2月开始，智利的民主政府预见到位于瑞士沃韦的雀巢总部会拒绝任何的合作。

为什么？

因为位于华盛顿的总统理查德·尼克松和他的外交部长基辛格极其反对"人民团结联盟"政府的社会改革计划。阿连德总统所实施的许多措施都是通过削减美国跨国企业过分的特权让智利能不再依附于外国，在国内实现某种社会公平。于是，基辛格通过各种手段打压智利的民主政府：他鼓动阿连德身边的将领刺杀阿连德，这些人与他一样都是共济会会员；他支持卡车司机罢工以及采矿企业、铜厂工人怠工。

萨尔瓦多·阿连德明白，雀巢公司同西方许多其他跨国金融集团、工业集团和商业集团一样极其反对他的改革措施。

后来怎么样了？

国家没有办法每天给孩子分发半升牛奶。大部分的社会改革措施都遇到了巨大的财政困难。1973 年 9 月 11 日，最终，北美的中央情报局（CIA）与奥古斯托·皮诺切特将军领导的法西斯军官组成的军队合作，发动了政变。阿连德与他的朋友在总统府——莫内达宫赤手空拳抵抗。上午 11 点，萨尔瓦多·阿连德最后一次通过广播与自己的人民讲话。下午 2 点

30 分，他被杀害。血腥的镇压席卷了智利上上下下，成千上万的大学生、神父、工会人员、知识分子、艺术家、工人遭到迫害。几万的智利孩子依旧如从前一样遭受着营养不良以及饥饿的折磨。

你听说过塞古·杜尔吗？

他是谁？

他是一位年轻的革命家，1958 年被几内亚人民选举为国家总统。几内亚是一个非常美丽的西非国家，拥有 25 万平方公里的森林、海滩和草原，人口 700 万，它的人民属于世界上最古老文明的几支：曼丁哥人、颇尔人，等等。

他做错了什么？

塞古·杜尔后来变了一副嘴脸。他原来是年轻的工会会员、革命家，为人民所爱戴，为上世纪50年代许多欧洲左派人士所称赞，但是后来不知不觉成了一个专制的暴君。他的权力越来越集中、个人化、排他，不仅开始迫害他认为会威胁他统治的人，而且屠杀整个部落，比如颇尔人。哎，直到1984年他才去世。

他做了什么事？

他最喜欢实行一种"黑色节食"政策。在监狱里，尤其是在科纳克里附近的博依罗集中营，他派人建造了一座座混凝土立方体房子，上面有铁做的门。门和混凝土浇制的门槛与门之间只有一条细细的缝，只有这里有一点点流通的空气。他把不同年龄的男男女女关在这些立方体里面。没吃没喝，那些人最后在极端的痛苦中死去。

8. 什么是"生态难民"

我在电视上看到一些农户，他们生活在达喀尔的贫民区。记者说，他们是"生态难民"。这是什么意思？

世界上许多地方，尤其是在撒哈拉非洲，曾经肥沃的土地逐渐沙漠化。非洲大陆的三分之二地区都是沙漠或者旱地。其中73%的旱地已经被中度或者严重破坏。看一下亚洲地区：大约有14亿公顷的土地沙漠化，也就是说71%的旱地已经被中度或者严重破坏。在南地中海地区，大约三分之二的旱地被严重破坏。

21世纪初，大约有10亿人面临沙漠化的威胁。

上亿人生活在长期缺水的状态下。几百万的"生态难民"不得不放弃他们的故土，去别处讨生活。

难道我们就不能阻止沙漠化吗？

在萨赫勒的某些地区，撒哈拉沙漠每年以 5 公里的速度扩张。对于游牧民族或者半游牧民族而言，比如图雷阿格人、颇尔人，湿地种植很重要，但是它已经在辽阔的土地上消失。冬季种植的大麦直到现在对于这些游牧民族而言，都是极其重要的粮食来源。更不用说决定村庄生死命运的水井！如今，布吉纳法索北部、马里、尼日尔地区的地下水层基本都位于地下30 米深处。

要挖掘这样的深度，让一口水井投入使用，从而保证饮用水的供应，这些需要技术手段，但是颇尔人、巴姆巴拉人、莫西人，这些民族都不懂技术。需要借助机器钻井，然后固定井的内壁，也就是说用混凝土浇筑，最后还需要安装强泵，好打出水来。所有这些都需要大量的资金，需要购买水泥和其他材料。

一些欧洲国家委托一些专家去做事，由这些专家组织村民集体施工。专家画好图，开动机器。但依然有许多村庄只能自力更生，绝望地面对灾难。

他们能做什么？

实际上，这还不是现实的全部。我还要和你说说砍伐森林的事。有些时候是因为村民自身的需要：非洲的农村妇女用炉子或者木头生火做饭，所以每天她们都需要大量的木头。如果村子周围的树木已经砍光，她们就会去更远的地方砍灌木、挖树根——这样草原就被彻底破坏。很少有村庄能够或者有办法系统地重新植树种林。但是只有树木才可以阻止沙尘暴，它们的根可以保留肥沃的土壤。

不管怎样，自然灾害、洪水、干旱以及许多其他因为气候而产生的灾害是不是也是导致非洲、亚洲与美洲等许多地区饥荒的原因呢？

气候学是一门新兴的科学，还不是非常发达。我们还没有真正弄清楚飓风为什么会发生，它是如何发生的，如何才能克服它。旱灾也一样，为什么会产生旱灾？为什么它出现在这个地方而不是那个地方？怎样才能预防旱灾？怎样与它作斗争？但是，我们已经开始了解某些气候灾难的原因。其中最严重的一个原因就是：世界上最后的原始森林长期被大规模砍伐。马来西亚、刚果、加蓬、亚马逊以及其他地区，每年几万公顷的原始森林被焚烧，变成农业耕地，要么被林业公司过度采伐，环境因此被破坏。全球气候失衡的后果非常可怕。

以世界上面积最大的原始森林亚马逊森林为例。亚马逊盆地面积大约为 600 万平方公里。空间开发研究所——其总部在巴西的圣保罗——借助卫星对该地区进行监控，卫星定期拍摄沙漠化进程的照片。1998年，又有16838平方公里的亚马逊森林被破坏，相当于比利时一半的国土面积。一年一年过去，破坏的速度越来越快：1998年的破坏面积比1997年增加了27%。研究所是从1972年开始监控的。从那时以来，超过53万平方公里的森林已经被毁灭。"毁灭"是最合适的一个词：一旦树木、灌木和其他植物被焚烧，任何森林再植都不可能，因为亚马逊盆地只有一层薄薄的腐殖土。只要树木被砍伐、被连根拔除，加上林下灌木被破坏，泥土就会变成灰烬，即某种灰色的尘沙。因为腐殖土会被雨水冲走。

是谁破坏了亚马逊森林？

亚马逊是地球绿色的肺。没有土地的农民——与自己饥饿的家人离开了马托格罗索州大片的土地或者遭遇旱灾的东北部国家，他们对亚马逊森林造成了破坏。这些农民烧掉森林，在周边地区开采贫瘠的田地。印第安人很快失去了他们自然的生活环境以及生存资料；他们受到了极大的冲击，因此而灭亡，与他们一起消失的还有整个合理保护、开采森林的体系。此外还有跨国养殖公司，依靠强大的机械力量，这些公司极大地破坏了森林。这些公司经常在几百平方公里的土地上养殖几万头牛。

巴西政府采取了什么措施？

它不停地制订法律，一部比一部严厉，禁止故意放火以及不经允许的砍伐行为。它颁布了树木开采与运输的法规，等等。但实际上，这些法律法规从来没有被执行。公务员与管理人员都极端腐败。要对这样广阔的土地进行监控非常困难：只能通过空中监控。但是，亚马逊大部分地区大部分时候，天空都被厚厚的白色云层覆盖。我们估计大约有 20% 的故意纵火没有被发现。

你说亚马逊森林是我们地球绿色的肺……那其他国家不可以一起制止破坏森林的行为吗？

不可以。巴西是主权国家，它拒绝任何其他国家介入这件事——尤其是外国的生态保护组织，它认为这是"无法接受的干涉"。不过还是有一个小小的进步：1998 年，世界上的七大主要工业国表决通过了一个项目，目的在于投资 2500 万美元保护亚马逊森林。

如果我没有理解错的话，几乎不可能制止沙漠化的进程、森林的破坏以及气候的异常……

你还记得 1992 年在里约热内卢召开的著名的

"地球峰会"吗？这是一场由联合国发起的大会，目的在于总结各种影响地球生命延续的威胁。几乎所有的国家都派去了自己的外交官和专家。这一次的世界性会议总算有了一点成效：大会一致通过了明确的行动方案，每一个常委会都建立了执行秘书处。这些秘书处分别位于日内瓦、波恩、内罗毕和蒙特利埃。包括气候秘书处、生物多样化保护秘书处、促进可持续发展秘书处以及反沙漠化斗争公约秘书处。

我从来没有听说过这些！

那就让我和你说说与我有合作关系的位于波恩的反沙漠化斗争秘书处。负责人是一位非常杰出的人士：哈马·阿尔巴·迪亚洛。这是一位颇尔族的知识分子，他的家人至今依然生活在布吉纳法索北部的城市多里附近。阿尔巴曾经是布吉纳法索总统托马斯·桑卡拉的密友、重要的参议员以及外交部部长，这位总统于 1987 年被人杀害。阿尔巴在极短的时间内创立了一份"公约"，将南北部地区的国家团结在一起。

严酷的沙漠化吞噬了土地，土壤肥料迅速流失，给这些国家造成巨大的损失，所以它们在秘书处提供的农业专家、水文学家、植物学家、气象学家的帮助下制订了应对计划。这些计划倚赖当地村民的集体合作得以执行。北部国家提供财政支持。

从 1998 年 11 月 30 日到 12 月 11 日，签订公约的 190 个国家的代表以及几百名非政府组织代表在达喀尔会面，对情况进行总结——这是缔结公约后第二次工作总结。情况非常糟糕！虽然大家都在努力，但是地球上的沙漠面积一直都在扩大。这导致几百万人失去肥沃的土地，因此也就失去了粮食。达喀尔会议细细地列出所有必须立刻采取的行动，并且计算出要执行这些紧急计划所必需的资金数额：430 亿美元。

这么多钱!

　　的确如此!此次会议在位于达喀尔半岛西边岬角的艾美——总统酒店的国际会议中心召开。某次工作午餐时,我正好坐在伊恩·琼森旁边,这是一个长着红棕色头发、满脸笑容、充满活力的家伙,他是世界银行的副行长。琼森是英国非常有名的经济学家,极其务实,在世界银行已经工作了 23 年,可以说是一个老奸巨猾的家伙。执行那些紧急计划需要 430 亿美元,这个数字让我十分震惊。正是琼森在全体会议上报告了财政预算。我想再了解一些细节,比如使用的计算方式、提供这笔巨额资金的出资人的身份。琼森非常和善地听我讲完。最后,他对我说:"别担心。全世界没有任何人有这样一笔巨额资产。"

　　如果是这样,这几十万不得不逃离沙漠、远离不可种植的土地的家庭会怎样呢?

因为无法帮助他们，联合国已经给他们找到了一种身份：这些人将会成为"生态难民"。全世界已经有 2500 万的生态难民。麻烦的是，他们与政治难民不同，政治难民根据 1951 年的国际公约拥有合法的身份，有相关的组织照顾他们（至少理论上如此），有权利——避难权，但是，沙漠化造成的难民没有任何合法身份。他们并不受国际法的保护。

后　记

他们（我们的敌人）将砍掉所有的鲜花，

但是他们永远都成不了春天的主人。①

——巴勃罗·聂鲁达，《漫歌集》

为什么饥荒会夺走这么多人的生命？

营养不良、饥荒之所以会夺走这么多人的生命，是因为我们这个星球上财富分配不均匀。这种不均匀导致了极其消极的后果：富人越来越富，穷人越来越穷。1960 年，全世界 20% 最富有的人的收入是 20% 的最贫穷的人的收入的 31 倍。而 1998 年，20% 最富

---

① 原文为西班牙语。——译注

有的人的收入是 20% 最贫穷的人的收入的 83 倍。72
个国家的平均收入低于 20 年前的平均收入 ①。目前，
根据联合国开发计划署（PNUD）的报告，大约有 2
亿人生活在"绝对贫穷"中，没有固定收入，没有固
定工作，没有合适的住房，没有医疗保障，没有充足
的食物。

"反饥饿行动组织"是表现非常突出的法国非政
府组织，它指出："全世界大量的穷人不能吃饱肚子，
尽管粮食的产量与需求量是平衡的。②"

所以现在必须让野蛮的资本主义丛林文明化。世
界经济源于食物的生产、分配、交易以及消费。将经
济与饥荒独立开来是荒诞的，更是一种罪恶。不可以
把与这一灾害的斗争完全交给自由市场的规律。

必须把世界经济所有的机制都纳入这一首要的需

---

① 苏珊·乔治：《外交界》，1998 年 12 月；萨德卢丹·阿加·汗：《新
非洲-亚洲》，1999 年 1 月。
② 反饥饿行动组织，巴黎，资料信息，1997 年 10 月 31 日。

求内：消灭饥饿，让全世界每一个人都能吃饱肚子。生命健康权是人类首要的权利。要让这一切得以实现，必须建立一个国际性的审判机构以及相应的条约和标准。

让-雅克·卢梭曾这样写道："在弱者与强者之间，是自由在压迫人，是法律在解放人。"市场的绝对自由等同于压迫；而法律则是社会公正的首要保证。世界市场需要规范、需要各民族集体意志的决策力。反对市场的统治者将利益最大化作为唯一的目的，反对消极接受贫穷，这些都是紧急需求。必须对芝加哥农业原材料商品交易所进行改革，必须反对进出口贸易的长期失衡，必须取消愚蠢的新自由理论——因为它蒙蔽了大部分欧洲国家的领导人。

建立起一种与受苦的人感同身受的身份感、形成一种团结一致的立场，这是不是有点像乌托邦思想？并不是。历史上，已经发生过相似的质的飞跃。比如：国家的诞生。在很久很久之前，人类做出了第一个选择：那时，团结他者、认同他者只发生在家庭内部、族群内部、村庄内部，也就是说发生在我们所熟悉的人、我们所见过的人的内部。随着民族、国家的诞生，第一次，人同他自己不认识的人、很可能永远都不会见面的人产生了一种联系。

为了过一种更加有尊严的生活，为了让地球适宜所有人居住，如今只需要再往前一步。因此，必须清除马尔萨斯主义的种种偏见。

如果世界上只有囿于自身幸福的人，那么这个世界不可被接受。一个将五分之一人口推向死亡的世界经济也不可接受。如果饥荒不迅速从这个地球上消失，那么就谈不上所谓的人性的存在。所以，必须把"痛苦的人群 ①"重新纳入人类世界，但是现在他们依然被排除在外，默默无闻地死去。

---

① 让-克洛德·季乐波:《背叛启蒙思想》，巴黎，瑟伊出版社，1995年，第93页。